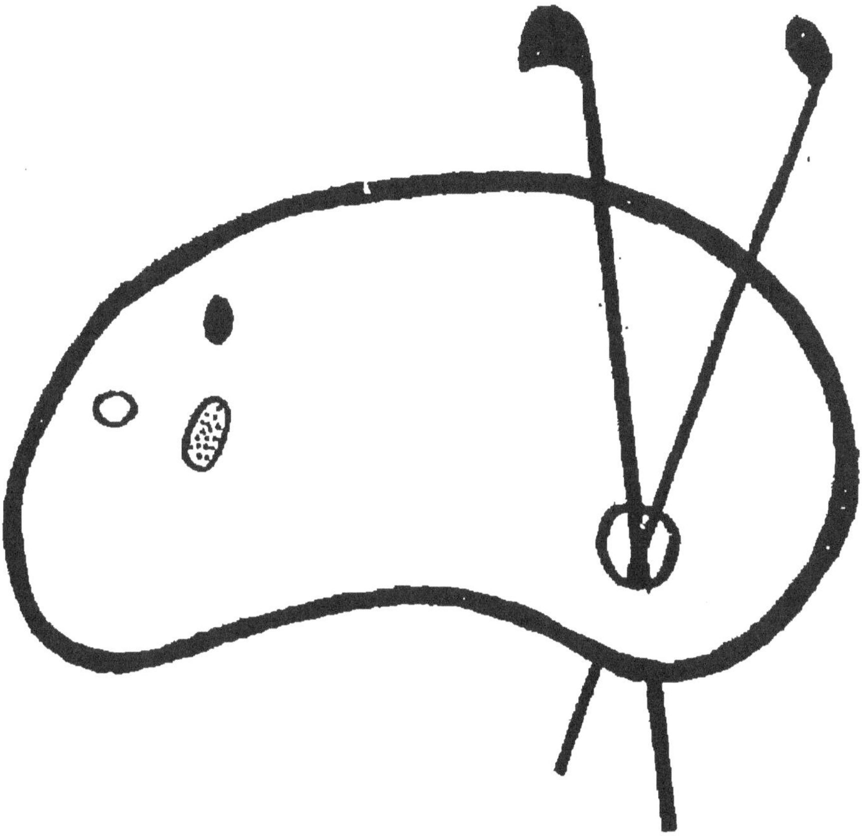

COUVERTURE SUPERIEURE ET INFERIEURE
EN COULEUR

9 mars 1857.

Exemplaire de Benidely père

VENTES

APRÈS DÉCÈS DE

M. LE COMTE THIBAUDEAU

1ʳᵉ VENTE

**Tableaux et dessins modernes
Objets d'art, Porcelaine de Sèvres et de Saxe
Antiquités, Bronzes, Meubles curieux.**

Mᵉ **DELBERGUE CORMONT**, Commissaire-Priseur.
M. **FEBVRE**, expert.

M. Charles Mine

La 2ᵉ VENTE, composée des *Tableaux anciens*, aura lieu les 13 et 14 mars 1857, salle n° 6.

Les 3ᵉ, composée des Estampes,

    4ᵉ. — Dessins,

    5ᵉ. — et Livres,

auront lieu fin avril 1857.

PARIS. — IMPRIMERIE DE J. CLAYE, RUE SAINT-BENOIT, 7.

CATALOGUE

DE DESSINS

ET

TABLEAUX MODERNES

OBJETS D'ART, ANTIQUITÉS, PORCELAINES
BRONZES, MEUBLES CURIEUX

DÉPENDANT DE LA SUCCESSION

de M. le comte THIBEAUDEAU

VENTE

Le Lundi 9 Mars 1857

HOTEL DES COMMISSAIRES-PRISEURS

Rue Drouot n° 5

SALLE N° 1

Exposition la veille, de midi à 4 heures

M° **DELBERGUE CORMONT**, Commissaire-Priseur, 6 rue de Provence.

Assisté de **M. FEBVRE**, Expert, rue de Choiseul, 11.

PARIS

IMPRIMERIE DE J. CLAYE
RUE SAINT-BENOÎT, 7.

—

1857

ORDRE DE LA VACATION

1° Porcelaines.
2° Bronzes.
3° Antiquités.
4° Meubles curieux.
5° Tableaux et dessins modernes.

CONDITIONS DE LA VENTE

Elle sera faite au comptant.

Les acquéreurs payeront en sus des adjudications, cinq centimes par franc applicables aux frais.

Nota. La vente du mobilier, du linge, de l'argenterie, des porcelaines et verrerie de table, et du vin et liqueurs, aura lieu le mardi 10, même salle, et l'exposition en aura également lieu le dimanche.

TABLEAUX MODERNES

BARON.

1 — La Consigne.

BOULARD.

2 — Le Goûter.
3 — Les Lapins.
4 — Le Petit marchand de volailles.
5 — La partie de Cartes.

BRASCASSAT.

6 — Chèvre et Chevreau dans un Paysage.

COLLIN (Anaïs).

7 — Soins maternels.

CHONÉ.

8 — L'Amateur dans son cabinet.

DECAMPS.

9 — La Prière.

DEVEDEUX.

10 — Les Regrets.
11 — La Pêche.

DORCY DE DEUX.

12 — Tête de jeune fille.

GABÉ.

13 — Jeune servante.

MAROHN.

14 — Villageoise près d'une fontaine.

C. ROQUEPLAN.

15 — Jeune fille portant des Fruits.

ISABEY (Eugène).

16 — Enfants et Chien.

JONKING.

17 — Port de mer.

PIPARD.

18 — Nature morte.

INCONNU.

19 — Paysage. Vue mexicaine.

AQUARELLES, DESSINS ET PASTELS

CHENAVARD.

20 — L'Improvisateur. *Mine de plomb*.

CICERI (ÉMILE).

21 — Cadre contenant six vues d'Orient; aquarelles.

SCHOPIN.

22. — Assuérus surprenant Aman aux pieds d'Esther.

DECAMPS.

23 — Vieille ménagère; aquarelle.
24 — Aventuriers; *dito*.

JACQUE.

25 — L'abreuvoir; dessin aux deux crayons.
26 — Porcher; *id.*
27 — Cour de ferme; fusin.

JOHANNOT (Alfred).

28 — Adieux de Marie Stuart; aquarelle.
29 — Derniers moments d'Élisabeth.

JOHANNOT (Tony).

30 — La Flagellation.
31 — Laissez venir à moi les petits enfants.
32 — Madeleine aux pieds de Jésus.
33 — La Fuite en Égypte.

Tous les quatre à la mine de plomb.

34 — Plusieurs dessins pour l'*Illustration*.

JOYANT.

35 — Les Procurati.
36 — Le Grand-Canal.
37 — Le pont des Soupirs.
38 — Vue de Venise.
39 — Le Rialto.

Ces cinq dessins sont à l'encre de Chine.

PERCIER.

40 — Statues et monuments antiques; aquarelle.

ROQUEPLAN (C.).

41 — Jean-Jacques.
42 — Eaux-Bonnes.
43 — Le pic.
44 — Eaux-Bonnes.
45 — Pyrénées.
46 — A Biaritz.
47 — Promenade horizontale aux Eaux-Bonnes.
48 — La Pêche.
49 — L'Apparition.

Tous ces dessins sont au fusin.

TAYLER.

50 — Quatre aquarelles et gouaches ; marines et paysages.

INCONNU.

51 — Tête de femme ; pastel.
52 — Portrait de Thomas Corneille ; émail.
53 — Deux cadres contenant huit miniatures du XVIe siècle, représentant des sujets ayant trait à la vie de Jésus.
54 — Plusieurs gouaches genre Lancret et autres.

PORCELAINE DE SÈVRES

(PATE TENDRE)

875	55 —	Quatorze tasses de diverses formes et grandeurs, fonds variés, ornées de fleurs et de médaillons à sujets.
51	56 —	Trois coquetiers et un sucrier fond blanc à fleurs.
32	57 —	Un *idem*. décor camaïeu.
72	58 —	Un pot au lait fond vert, décor de fleurs.
80	59 —	Un moutardier bleu turquoise.
110	60 —	Un pot et sa cuvette fond blanc à fleurs.
60	61 —	Deux beurriers fond blanc à bouquets de fleurs.
43	62 —	Un sucrier *idem*.
41	63 —	Un pot au lait et une chocolatière.
42	64 —	Un porte-huilier fond blanc.

PORCELAINE DE SAXE

60	65 —	Deux beurriers médaillons à sujets.
60	66 —	Quelques figurines et animaux.
16	67 —	Groupe de la bonne mère.

68 — Un grand saladier.
69 — Une saucière et un pot.
70 — Un porte-huilier à fleurs en relief et à jour.

PORCELAINE DE CHINE ET DU JAPON

71 — Deux rafraîchissoirs avec bouquets de fleurs camaïeu.
72 — Deux plus petits, même décor.
73 — Un cabaret de six tasses, une théière et un sucrier, feuillages en relief sur fond blanc.
74 — Une garniture de cinq pièces, trois vases et deux cornets en japon.
75 — Une soupière et son plateau, japon.
76 — Un plateau, chine.
77 — Plusieurs vases en porcelaine de Chine et du Japon.
78 — Une fontaine, Japon ; animaux chimériques et ornements en relief.
79 — Plats et bols en chine et japon.

PORCELAINES DIVERSES

80 — Un cabaret porcelaine d'Allemagne, médaillons camaïeu.

81 — Une soupière et un plateau Sèvres dure.

82 — Deux corbeilles à jour porcelaine allemande.

83 — Déjeuner composé de six tasses et un pot, au chiffre de Louis-Philippe (Sèvres moderne).

84 — Plusieurs coupes montées en bronze doré.

85 — Un brûle-parfums, pâte tendre, entouré de feuillages à jour et d'enfants ronde-bosse ; monture en bronze doré.

MEUBLES

86 — Un grand bureau Louis XVI à cylindre en racine d'érable.

87 — Deux petits chiffonniers en bois de rose incrusté.

88 — Un petit meuble vitré en bois de rose orné de bronze doré.

89 — Un secrétaire Louis XVI en bois de rose marqueté.

90 — Une table à X en bois incrusté d'ivoire.

91 — Un meuble à hauteur d'appui, les côtés à jour garnis de tablettes en marbre blanc, le milieu à deux ventaux vitrés; ornements en cuivre doré.

92 — Un guéridon octogone sculpté, style renaissance.

93 — Deux corps de bibliothèques en bois de citronnier, incrustés et marquetés de bois.

94 — Un riche meuble en bois de rose et amarante : les deux panneaux en laque du Japon, ornements et appliques en bronze doré.

95 — Un cabinet en laque, incrusté de burgau ; à l'intérieur, tiroirs et compartiments.

96 — Un coffret Louis XIII en bois incrusté d'écaille, d'ivoire et de burgau.

97 — Une table, même travail que le précédent.

98 — Un cabinet Louis XIII, à double ventail ; à l'intérieur, compartiments et tiroirs ornés de frises à sujets en ivoire gravé.

99 — Un grand et beau bureau Louis XVI en bois de rose à galerie et filets en cuivre doré, pieds cannelés.

100 — Deux corps de bibliothèques en bois de rose ornés d'appliques et de pendentifs en bronze doré.

101 — Un chiffonnier en bois de rose orné de bronze.

102 — Une grande table à volets en bois de rose incrustée de bouquets de fleurs en bois et ornée de bronze.

103 — Une petite bibliothèque à hauteur d'appui, à quatre portes vitrées, avec filets en bronze doré.

104 — Plusieurs chaises et fauteuils en bois doré recouverts en anciennes étoffes.

104 — Une console Louis XVI en bois de rose, pieds cannelés et galerie en cuivre doré.

105 — Une autre, même genre que la précédente.

106 — Une table-toilette en bois de rose incrustée de bois.

107 — Un secrétaire Louis XVI en bois de rose à colonnes cannelées ornées de bronze.

108 — Un grand bureau Louis XV bois de rose, garni de bronze doré.

109 — Un petit chiffonnier en bois de rose avec cuivre.

110 — Deux meubles en chêne sculpté style Renaissance, ornés de mascarons, frises et cariatydes, le bas à panneaux pleins, le haut vitré et cintré.

111 — Une ancienne table hollandaise en chêne, pieds tournés.

112 — Un petit monument à galerie à jour, travail italien, orné de coraux, surmonté d'un groupe en corail représentant Dieu le Père tenant l'enfant Jésus.

ANTIQUES

113 — Une petite figure de Vénus; bronze grec antique (les bras détachés).

114 — Une autre Vénus tenant la pomme (le socle détaché) (grec antique).

115 — Une autre figure de Junon avec son paon, un amour et un socle.

Ces trois dernières pièces sont détachées, grec antique.

OBJETS DIVERS

116 — Une glace bizeautée. Cadre Louis XIII, ornée d'appliques en cuivre repoussé.

117 — Un autre miroir, forme cintrée.

118 — Un pupitre en ivoire incrusté d'argent, travail indien.

119 — Un encrier, une papeterie et une pelote, même travail.

120 — Un poignard en damas, poignée d'agate.

121 — Une boîte en émail de Saxe avec médaillon à sujet.

122 — Plusieurs plats en faïence italienne à reflets et armoriés.

123 — Un bas-relief en cire; pêcheurs italiens.

124 — Plusieurs terres cuites par Fratin; tigre, faon et chien.

125 — Plusieurs médaillons à sujets en plâtre stéariné.

126 — Une Bacchanale, frise en terre cuite, signée Versnel.

127 — Un vidrecome allemand émaillé avec sujet de chasse.

128 — Deux flambeaux en émail de Saxe.

129 — Deux figurines en biscuit.

130 — Une boîte à thé en laque.

131 — Plateau, verres et plusieurs pièces en verre de Bohême moderne.

132 — Plusieurs verres et calices en vieux Bohême gravés et armoriés.

133 — Quatre salières en émail de Saxe.

134 — Plusieurs pièces en faïence.

135 — Plusieurs paires de flambeaux et bougeoirs en bronze doré, style rocaille et Louis XVI.

136 — Deux feux Louis XVI; bronze doré.

137 — Une pendule Louis XVI en marbre blanc ornée de cuivre finement ciselé et de médaillons en biscuit de Sèvres.

138 — Quatre appliques Louis XVI; bronze doré.

139 — Une lanterne d'antichambre avec plaques en cristal de Bohême.

140 — Une fontaine et sa cuvette en ancienne faïence blanche, sur console et applique en bois sculpté, style rocaille.

141 — Sous ce numéro les objets omis.

Cat: Thibaudeau.

www.ingramcontent.com/pod-product-compliance
Lightning Source LLC
Chambersburg PA
CBHW051533240526
45471CB00019B/1393